AF268178

L'INSTITUTION

NOTRE-DAME DE CHARTRES

A LOIGNY

LE 18 JUIN 1891

———

Gloria Victis !
Gloire aux Vaincus !

CHATEAUDUN

IMPRIMERIE J. PIGELET

—

1891

L'INSTITUTION

NOTRE-DAME DE CHARTRES

A LOIGNY

L'INSTITUTION

NOTRE-DAME DE CHARTRES

A LOIGNY

LE 18 JUIN 1891

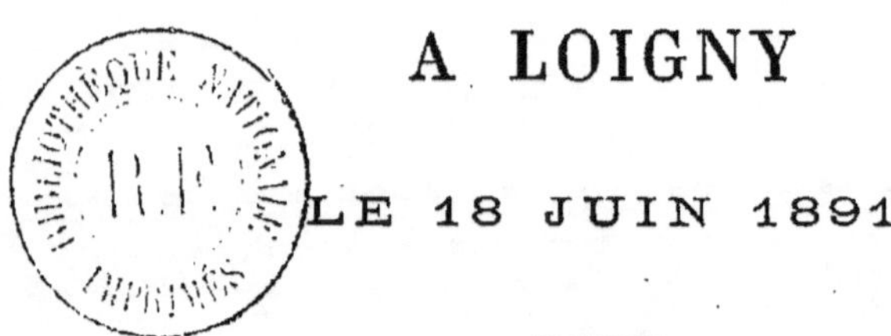

Gloria Victis !
Gloire aux Vaincus !

CHATEAUDUN

IMPRIMERIE J. PIGELET

1891

L'INSTITUTION

NOTRE-DAME DE CHARTRES

A LOIGNY

(Extrait du Courrier d'Eure-et-Loir *et du* Journal de Chartres *du 21 juin 1891).*

L'Institution Notre-Dame de Chartres, mettant à exécution un projet depuis longtemps caressé, partait le jeudi matin 18 juin pour Loigny.

Le but de cette promenade, disons le mot, de ce pèlerinage vraiment patriotique, n'a pas besoin d'être indiqué.

Loigny, son champ de bataille, son ossuaire, l'église du Sacré-Cœur élevée pour abriter ces glorieuses dépouilles, quelles leçons, quels enseignements chrétiens mâles et forts, pour ces jeunes gens, au cœur chaud, à l'âme vibrante, qui vont à leur tour, entrer dans la vie et vouer à la France leur énergie, leur amour, et, s'il le faut, leur sang !

Par une délicate pensée qui ne saurait nous étonner, venant d'où elle vient, nos jeunes gens emportaient, comme *ex voto*, comme souvenir de leur pieux voyage, une bannière, reproduction exacte de celle sous laquelle leurs aînés ont sauvé, il y a vingt ans, l'honneur de la France ; c'est l'étendard des zouaves au vent et fièrement porté par les élèves les plus grands de l'Institution, que le groupe de 130 pèlerins entrait vers neuf heures dans l'église de Loigny. Cette bannière, de la dimension exacte de l'étendard de Loigny, porte au verso cette inscription brodée : *Institution Notre-Dame de Chartres, Loigny 1870-1891*.

Du voyage, rien à dire, n'est-ce pas ? Aux chants joyeux qui s'échappaient des wagons, des chevaux eussent pris peut-être le mors aux dents.... La locomotive n'a point de ces emballements, Dieu merci. Les quelques kilomètres qui séparent Orgères de Loigny sont vite enlevés, et c'était, je vous assure, un pittoresque et gracieux coup d'œil que cette longue file de jeunes gens, se déroulant dans les étroits sentiers et jetant à tous les vents ses chants de joie.

Après la messe, célébrée par le pieux et cher abbé Hervé, visite par petits groupes à l'ossuaire et prière sur la tombe du général de Sonis.

Quels inoubliables instants ; quelle prédication éloquente, dans son silence même, que la vue de ces restes des héros, que cette tombe à laquelle la confiance populaire, dans la simplicité de sa foi, fait déjà comme une auréole ! !

Oh ! Sonis, grand chrétien, cœur de Français et de saint, n'avez-vous point tressailli, dans la gloire où vous êtes, nous en avons la confiance, en voyant ces jeunes fronts s'incliner pieusement sur la pierre qui couvre vos dépouilles mortelles ?

Oh ! oui, ce sont vos fils ceux-là aussi ; ce sont des chrétiens sans peur, ils seront des Français sans reproche. Ils vous ont prié, ô vénéré Sonis, plus peut-être encore qu'ils n'ont prié pour vous ; vous aurez souri à leur confiante prière et vous les aurez armés pour les luttes prochaines.

On quitte enfin le caveau, où l'on voudrait revenir encore, mais la journée n'a terminé, ni ses leçons, ni ses émotions.

On déjeune et je laisse à penser de quelle façon ! Quel magnifique réfectoire que cette immense grange mise si gracieusement à notre disposition par un habitant de Loigny ! La direction plus que paternelle du bon abbé Tissier a fait le reste et l'a fait supérieurement, maternellement bien.

En route maintenant : au champ de bataille. Il fait chaud, mais la brise raffraîchit suffisamment l'air en somme, et nous voilà bientôt sous les ombrages de Villepion, d'où sont partis les zouaves dans cette marche immortelle que nous allons, le cœur ému, faire après eux.

Alors commence, à travers la campagne, une promenade pieuse, pleine des plus profondes émotions.

Voici Villours et ses grands souvenirs. La croix de granit qui dit encore et nos deuils et nos espérances !...

Loigny est au fond, là-bas, et nous embrassons d'un coup d'œil la scène où s'est produit tant d'héroïsme.

Tout là-bas crépite, ce nous semble, cette fusillade continue qui un long jour entier permet à une poignée de nos soldats d'arrêter au cimetière de Loigny l'armée allemande qui ne les peut entamer. Là, plus près de nous, voici ce fatal pli de terrain derrière lequel affolés par la mitraille des soldats improvisés se sont cachés, et ont compromis le succès de la journée. Passons vite et fuyons ce pénible souvenir. Aussi bien n'est-ce point ici même que les zouaves, les mobiles des Côtes-du-Nord, toute la phalange sacrée des héros a vengé cette faiblesse en marchant à la mort comme on court à une fête !

Là, Sonis a été frappé. C'est là qu'il est tombé.

C'est là qu'ILS ont ASSASSINÉ Troussure, ces lâches Poméraniens, achevant après la bataille les blessés qu'ils voulaient dépouiller. Voilà l'immortel bois des Zouaves. Cinq à six mètres de large ; peut-être quarante mètres de profondeur, et c'est tout. C'est là le *Calvaire* et c'est là le *Thabor*, aujourd'hui surtout que le Sacré-Cœur en a pris possession, et qu'il garde ce coin de terre, relique pieuse que l'on ose à peine fouler du pied.

Nous nous y reposons un instant ; mais voilà que de Loigny débouche une procession. C'est jour de travail pourtant ; mais Loigny est à la joie. Ce sont ses chers zouaves qu'il revoit, ce lui semble ; c'est à eux qu'il fait fête et quand nous rentrons à l'Église, pour l'office du soir, les bancs, les bas côtés, sont bientôt remplis d'une foule pieuse et sympathique, aussi nombreuse qu'aux cérémonies annuelles du 2 décembre.

Toutes les voix chantent ensemble, et les voûtes de Loigny tressaillent de ce chant de prières et de confiance.

> La liberté, sur terre,
> Est fille de la foi ;
> Nous voulons Dieu, c'est notre Père,
> C'est notre Père et notre Roi.

Mais bientôt M. l'abbé Tissier monte en chaire, et, dans un magnifique langage, il dit la leçon d'une telle journée. *Gloria victis !* tel est le texte qu'il commente. Les gloires de Loigny, son expiation, ses espérances, voilà le sujet. Nous pouvons heureusement donner ici cette magnifique page, partie du cœur, pour pénétrer au cœur. L'auditoire tout entier était comme transporté par instants, et si nous eussions été ailleurs que dans l'église, les applaudissements auraient, à maintes reprises, forcé l'orateur à s'arrêter.

Le salut du Très Saint-Sacrement a clos cette émouvante cérémonie. Les chants en ont relevé la pompe ; mais rien n'a égalé le dernier cantique enlevé avec un entrain magnifique par tous nos jeunes gens.

Les paroles sont de l'un des professeurs de l'Institution, M. l'abbé Verret ; si bien inspiré qu'il soit d'habitude, le sujet, cette fois, semble l'avoir en quelque sorte porté.

Voici ce cantique dont l'effet, nous le répétons, était prodigieux :

CANTIQUE AU SACRÉ-CŒUR

1870 — LOIGNY — 1891

(Air de *la Vendéenne*)

I

Jeunes Francais, jeunes Chrétiens,
Jetons notre cri de vaillance :
Vive le Christ, vive la France !
Bientôt nous serons leurs soutiens.   *bis.*

REFRAIN

Cœur de Jésus, cœur du Dieu de la France,
Nous te vouons et nos bras et nos cœurs ;
Oui la jeunesse est l'espérance,   } *bis.*
Compte sur nous, rends-nous vainqueurs.)

II

Tu daignas jadis te donner,
Cœur divin, à notre patrie ;
Et quand le malheur l'a meurtrie,
Tu n'as pas su l'abandonner.   *bis.*

III

Ici sur nos champs étonnés,
Un jour resplendit ta bannière,
Ombrageant la rouge poussière,
Où tombaient nos frères aînés.   *bis.*

IV

Ils étaient forts, ils étaient beaux,
Bravant, le front haut, la mitraille ;
Ils te voyaient, et la bataille
Semblait une fête aux héros.   *bis*

V

Près des vieillards aux cheveux blancs
Volant aux derniers sacrifices,
Des enfants offraient leurs prémices,
Et tous t'acclamaient souriants !   *bis.*

VI

Ils sont tombés, mais leur trépas
A fait d'eux des martyrs sublimes ;
Et quand on pense à ces victimes,
On est fier, on ne pleure pas.   *bis.*

VII

Le temps consacre leur tombeau,
Et grandit leur sainte mémoire ;
Après vingt ans, oui, c'est leur gloire
Qui flotte encor dans ce drapeau.   *bis.*

VIII

Ici nous la laissons près d'eux,
Cœur de Jésus, ta même image,
Comme un trophée et comme un gage
De leur valeur et de nos vœux.   *bis.*

IX

Jeunes gens, nous serons demain
Ce qu'ils furent pour notre France :
Inspire-nous donc leur vaillance,
Et guide-nous dans leur chemin.   *bis.*

X

Et pour nous rendre chaque jour,
Plus dignes des luttes futures,
Mon Dieu, garde nos âmes pures,
Et fais les croître en ton amour !   *bis.*

Quelle délicieuse journée ! Maison bénie de Notre-Dame, puisses-tu en compter souvent de pareilles et nous préparer ainsi une jeunesse formée aux nobles sentiments, enflammée par l'exemple des héros et prête aux grandes choses.

DUBREUIL,

Ancien élève de l'Institution Notre-Dame.
Directeur du *Courrier d'Eure-et-Loir.*

[Extrait de la Voix de Notre-Dame de Chartres,
juillet 1891].

———

Le jeudi 18 juin au matin l'Institution Notre-Dame
partait tout entière pour Loigny.

Ce fut un touchant et splendide pèlerinage. Nous
allions prier le Sacré-Cœur de Jésus dans l'église de
ce village où son culte depuis vingt ans est particu-
lièrement en honneur. C'est dans ces plaines, en effet,
que se déploya le 2 décembre 1870 la bannière du
Sacré-Cœur pour entraîner les zouaves pontificaux à
leur charge légendaire, pour bénir leur dévouement
et consacrer leur sacrifice; c'est à l'ombre de cette église
que reposent leurs dépouilles glorieuses sous la garde
d'un vrai prêtre qui, après avoir vu leurs souffrances,
pansé leurs blessures et soutenu leur courage, reste là
près de ses chers morts comme le dernier mais non
comme le moins héroïque blessé de la bataille.

On comprend quelles leçons attendaient des jeunes
gens chrétiens dans ces lieux qui exalent si fortement
l'amour de notre Dieu et l'amour de la France.

Un temps délicieux favorisait notre marche et
d'Orgères à Loigny nous aimions à reconstituer
dans ces champs immenses la topographie du grand
combat. Nous saluions de loin le but de notre pèlerinage, l'église magnifique qui dominera la Beauce
tout entière quand la dévotion au Sacré-Cœur et le

souvenir de héros auront suscité du sol la tour qui
doit en être le couronnement. A l'entrée du village
nous faisons halte un instant. Notre troupe serre ses
rangs et nous déployons, nous aussi notre bannière.
C'est la reproduction exacte de l'étendard des zouaves.
Nous avons voulu le leur rapporter et le laisser près
d'eux comme un trophée de leur valeur et comme
un gage de nos propres serments. Il porte au verso
cettte inscription brodée sur la soie blanche : « Institution Notre-Dame, Loigny, 1870 – 1891. » On le
confie aux mains les plus fermes : nous le suivons
flottant au vent, et je m'imagine que ceux qui l'a-
vaient jadis si fièrement porté ou si courageusement
défendu devaient de là-haut nous sourire.

C'est ainsi que vers 9 heures 1/2 nous entrions à
l'église où bientôt M. l'abbé Hervé, le doyen des professeurs de l'Institution Notre-Dame, monte à l'autel
unissant dans sa pensée et dans les mérites du
Saint-Sacrifice tous les soldats qui sont morts, tous
ceux surtout qu'il assista lui-même sur nos champs
de bataille, et cette jeunesse vivante et vaillante qui
les remplace aujourd'hui et à laquelle l'aumônier de
nos mobiles de 1870 prodigue le même absolu dévoû-
ment. Ce sont là aussi les sentiments qui inspirent nos
prières et nos chants.

Après la messe, nous descendons par groupes au
caveau funéraire. Nous nous agenouillons sur la
tombe du général de Sonis où sont gravés ces simples
mots qui valent tous les panégyriques : *Miles Christi*;
nous remarquons même près de lui une place vide
qui semble attendre un frère d'armes.

Après le déjeuner nous nous plaisons à refaire le chemin sublime qui amèna là tous ces braves. Ici c'est le château de Villepion d'où les volontaires de l'Ouest se sont élancés ; là c'est la ferme de Villours et sa croix de granit qui abrite avec de Ferron plus de 120 français ; partout c'est la plaine arossée de leur sang ; plus près c'est le bois des zouaves, petit rectangle d'acacias et de cytises qui vit tomber à la tête de leurs compagnons Sonis et Charette. Une statue colossale du Sacré-Cœur le domine aujourd'hui. Nous nous reposons à ses pieds en lisant les épitaphes simples et glorieuses des Verthamon, des Bouillé, des Troussure et des autres.

Bientôt tout Loigny en habit de fête vient au devant de nous. De nouveau nous arborons notre étendard dans ce bois consacré par le martyre et nous rentrons en procession à l'église pour la bénédiction du Saint-Sacrement. M. le directeur monte alors en chaire et exprime à la foule recueillie, à nous surtout, les leçons qui se dégagent de ce que nous avons vu. Loigny, dit-il, c'est la gloire, Loigny c'est l'expiation ; Loigny c'est l'espérance. Ceux qui ont lu son magnifique discours dans le *Courrier d'Eure-et-Loir*, ceux qui le liront encore, comprendront quelle émotion et quel enthousiasme excitait cette parole élevée, chaude et vibrante, donnant à nos frères d'outre-tombe une voix digne d'eux : « Levez-vous jeunes gens, sur nos tombeaux pour les saintes causes que nous avons défendues. Vous aussi, les combats vous attendent, des combats inévitables. Allez-y répétant la parole des zouaves : « Vous nous menez à une fête »

Allez-y purs et confiants! Entraînez les autres. Que votre exemple soit un reproche pour les lâches, un encouragement pour les faibles, une gloire pour tous. »

A ces exhortations nous répondîmes par un cantique qui résumait l'éloge des morts et les résolutions des vivants. Jamais assurément les voûtes de Loigny n'avaient retenti d'accents pareils à ceux de nos 130 voix redisant à l'envi sur l'air si noble et si mâle de la « *Vendéenne* » :

> Cœur de Jésus, Cœur du Dieu de la France
> Nous te vouons et nos bras et nos cœurs :
> Oui la jeunesse est l'espérance,
> Compte sur nous, rends-nous vaiqueurs.

Enfin après la bénédiction du Saint-Sacrement, après une dernière visite à l'ossuaire, après des remerciements bien sentis à nos hôtes et en particulier au bon et vénéré curé, nous reprenions vers 6 heures du soir le chemin d'Orgères et de Chartres saluant encore de loin ce sanctuaire de foi et de patriotisme. Chacun remportait un brin d'herbe cueilli dans la plaine, une fleur du bois des zouaves ou un chapelet déposé un instant sur la tombe de Sonis ; mais surtout, nous remportions tous une âme meilleure et disposée à aimer Dieu et la France, comme nos aînés, jusqu'au sacrifice.

Nous ne croyons pas qu'il puisse y avoir pour les élèves d'un collège catholique de meilleures leçon de choses que celle-là.

S. V.

DISCOURS

DE M. L'ABBÉ TISSIER

Gloria Victis !
Gloire aux vaincus !

Mes chers Enfants,

Depuis longtemps nous rêvions de vous amener ici, sur cette terre promise, sur cette terre qui a bu le meilleur sang de France, et sur laquelle le temps, avec sa consécration suprême, a étendu un splendide manteau de gloire. Loigny, dans sa défaite, n'est pas un de ces lieux où l'on apporte des pleurs et des étendards humiliés ; on y vient avec des chants de joie et la bannière de l'honneur. Loigny, ce n'est pas un tombeau, c'est un temple d'immortalité ; et les ossements sacrés qui reposent sous cet autel ne sont pas de ceux qu'enveloppe un muet sommeil. Ces morts parlent à Dieu, dans leur trépas illustre, le langage tout puissant de l'expiation, et aux hommes, la victorieuse parole de l'espérance.

En parcourant les champs où s'est consommé leur sacrifice, vous avez vu tout à l'heure dans ce petit

bois, à jamais célèbre, au milieu des croix qui dominent
les moissons, le monument de leur héroïsme où flamboient ces deux mots : *Gloria victis !* Gloire aux
vaincus ! Oui, c'est la louange, l'unique louange qui
convient à ces martyrs, près desquels nous avons
voulu conduire aujourd'hui votre jeunesse, pour qu'à
ces grands souvenirs, pour qu'à ces sublimes contacts,
votre âme se trempe, votre cœur s'épure, vos vertus
naissantes s'accroissent, votre patriotisme s'inspire,
votre piété s'enflamme.

Gloire aux vaincus ! L'antiquité ne laissait tomber
qu'une cruelle expression de mépris sur ses soldats
malheureux. Ici ce n'est plus : *Væ victis !* On a oublié
les vainqueurs, ou l'on ne s'en souvient que pour les
flétrir ; et l'histoire a ouvert ses plus belles pages à
l'honneur des victimes, parce que la patrie a vu en
elles la sauvegarde de sa gloire militaire ; et la reli-
gion a mis un temple sur leurs dépouilles, parce que
son amour a fait de ces guerriers les plus invincibles
remparts de la patrie mutilée.

Après vingt ans, ces leçons toujours vivantes n'ont
rien perdu, mes enfants, de leur éloquence, et dans
les plis de ce drapeau des zouaves, dont vous avez
recueilli, jeunes gens, l'incomparable héritage, vous
devez voir encore, comme vous le chantez, flotter
leur gloire. Il n'a jamais abrité que l'espérance.
Loigny, c'est la gloire ; Loigny, c'est l'expiation ;
Loigny, c'est l'espérance. Triple leçon dont je veux
vous dire quelques pages.

La gloire de Loigny, vous la connaissez, et vous en
avez entendu le récit dans l'héroïque histoire de de

Sonis. Il y a vingt et un ans bientôt, au matin du 2 décembre 1870, l'armée française, maîtresse du château de Villepion, se réveillait de la victoire de la veille, pleine d'un généreux élan; c'était l'anniversaire d'Austerlitz. Dès l'aurore, d'Orgères à Poupry, dans ces chemins que vous venez de parcourir, et au loin, sur ces plaines dont vous avez embrassé les calmes horizons, la bataille s'est engagée avec un acharnement sans égal. Goury a vu des combats dignes des autres âges, de ces luttes poignantes et fortes, comme en livraient les preux chevaliers d'autrefois.

C'étaient, de ce côté, les enfants du peuple, qui défendaient leur patrie. Pauvres jeunes gens, arrachés depuis quelques mois à la paix de leur métier et au travail obscur de leur charrue, ils montraient que tous les cœurs français sont nés grands et fiers, et que tous savent mourir, quand la France est en péril. Ici, en arrière, à Nonneville, le mépris de la mort était un noble jeu. C'est là que de Luynes, à vingt-cinq ans, dans la fleur de sa jeunesse et la joie de son sacrifice, trouvait une mort, digne de son grand nom, que sa troupe a vengée. Sous la pluie de feu qui couvrait ses soldats : « Allons ! leur dit-il, en leur montrant de son épée les obus qui volent dans l'air, ça ne fait pas de mal ! En avant ! » Il finissait, et l'un de ces obus qu'il défiait, lui enlève la tête.

Tous ces dévouements n'avaient pas empêché le nombre de dompter la valeur. Sur le soir, l'aile droite avait dû fléchir ; Loigny, malgré l'indomptable courage d'une phalange immortelle, le 37ᵉ de marche, qui perdit, ce jour-là, 1 300 hommes, était cerné de toutes parts. L'Allemand débordait, en masses profondes, jusqu'à Villours, et sa cavalerie allait tourner l'aile gauche. Pour comble d'infortune, des troupes harassées, c'est vrai, mais indignes de porter le numéro d'un régiment français, refusaient de marcher, lâchement couchées dans un pli de terrain. C'en était fait de toute l'armée, si son honneur n'eût pas été dans les mains de Sonis.

Il y eut alors, mes enfants, un de ces faits d'armes qui suffisent à la gloire d'un peuple. Le héros même du combat nous en a fait le récit : vous l'avez entendu ; je ne veux que vous le redire.

Voyant que ses paroles étaient impuissantes à ramener les troupes au combat, de Sonis, qui d'un coup d'œil a compris que tout est perdu, si Loigny n'est repris : « Eh ! bien, leur crie-t-il, puisque ne savez pas mourir pour la France, je vais faire déployer devant vous le drapeau de l'honneur. » C'était l'étendard, dont voici l'exacte image. « Là-dessus, je partis, poursuit le général, et me lançai au galop sur ma réserve d'artillerie, où j'avais placé mes zouaves, mon bataillon sacré. » C'étaient les soldats du Pape ; ils venaient de verser leur sang à Castelfidardo ; ils en apportaient le reste à la France. « Je crie à Charette : « Mon ami, amenez-moi un de vos bataillons » ; il en avait deux. Puis, m'adressant aux zouaves : « Il y a là-bas des lâches qui refusent de marcher. Ils vont perdre l'armée. A vous de les ramener au feu. En avant, suivez-moi ! Montrons-leur ce que valent des hommes de cœur et des chrétiens. »

« Un cri d'honneur s'échappa de ces nobles poitrines. Ces braves enfants se précipitèrent vers moi ; tous voulaient courir à la mort. J'en pris trois cents. Le bataillon partit, accompagné par les francs-tireurs de Tours et de Blidah, et les mobiles des Côtes-du-Nord. C'était en tout huit cents hommes.

« Il était quatre heures et demie. Le jour tombait. Je dis au colonel de Charette : « Voici le moment de déployer la bannière du Sacré-Cœur. » Elle se déploya ; on la voyait de partout. C'était électrisant. Nous marchions ainsi d'un pas assuré, bien convaincus que nous remplissions un grand devoir... Arrivé à la hauteur du 51e : « Soldats, dis-je à ces hommes, voilà le drapeau de l'honneur, suivez-le ; en avant ! » Mais rien, rien. Secouant mon képi de la main gauche et brandissant mon épée de la main droite, je leur criai : « N'avez-vous plus de cœur ? Marchez ! » Ils ne marchèrent pas. Et nos zouaves avançaient toujours. J'avais à ma droite le colonel de Charette, à ma gauche le commandant de Troussure. Ce dernier, se jetant à mon cou : « Mon général, me dit-il, que vous êtes bon de nous mener à pareille fête ! » Noble cœur ! ce devait être sa dernière parole. »

Cependant la troupe héroïque, calme comme sur un champ de manœuvre, avance toujours vers Loigny en flammes. Les obus sillonnaient la plaine ; les zouaves, sans tirer un seul coup, s'élancent sous leur feu. Ils emportent en courant la petite ferme de Villours. Ils arrivent à ce petit bois d'acacias, de lilas et de cytises, auquel ils ont donné un nom impérissable. De Sonis, qui de son épée étincelante les guide

à l'assaut, tombe le premier ; Charette à son tour les
exhorte. Ils se précipitent à la baïonnette. C'est un
élan furieux. Les Prussiens, épouvantés, s'enfuient.
Mais déjà les meilleurs chefs : de Troussure, de
Ferron et de Moncuit sont blessés. De Verthamon, qui
porte l'étendard, succombe; mais de Bouillé prend la
bannière. En avant! En avant! Les voilà à Loigny.
De Bouillé, brandissant l'étendard comme une épée,
entre dans le village ; il tombe, le drapeau le couvre.
Un zouave le ramasse; mais, autour de lui, « il n'y a
plus d'officiers, il n'y a plus de soldats. Loigny conquis,
il ne reste personne pour le garder. » Et déjà, remis
de sa surprise, l'ennemi revient en masses profondes.
Il faut sauver l'étendard. Charette est blessé dans la
retraite, et des trois cents zouaves partis au combat,
cent deux seulement se retrouvent une heure après
sous les murs de Villepion. Mais l'armée du moins était
sauvée, et de la couche glacée où il gisait, de Sonis
eut la consolation d'entendre rouler toute son artillerie, échappée aux Prussiens.

Voilà la gloire ! Voilà pourquoi le nom de Loigny
n'est pas de ces noms qui font courber la tête, et que
nous en parlons comme les Grecs des Thermopyles,
et que nous en honorons les héros comme les Juifs
leurs Machabées !

Loigny est autre chose que la gloire ! C'est l'expiation ! Que dis-je ? Il y a des gloires auxquelles
manquent une auréole, une vertu, cette couronne de
malheurs et de douleurs attendus et cherchés, qui
met le sceau divin aux exploits des hommes, et qui les
fait corédempteurs. S'immoler, quand c'est le devoir,

quand il y aurait félonie à quitter son poste, à garder sa vie, à ne pas verser son sang, c'est mériter devant les hommes et devant Dieu un titre aux récompenses supérieures. Mais venir là à un sacrifice volontaire, je ne dis pas inutile, mais présentement incomplet ; lorsque rien n'y force, tout abandonner, tout risquer, avenir et fortune ; à la voix de la patrie agonisante, tout apporter sur un champ de bataille, les gloires d'une vieille famille et toutes ses espérances, comme les de Bouillé ; se rencontrer là, vieillards aux cheveux blancs comme de Coislin, jeunes gens de vingt ans comme de Verthamon ; tressaillir à la vue de l'immolation certaine et se lever en s'écriant : « Vive la France ! » comme de Charette ; sourire à la mort comme à une fête, et s'embrasser dans cette noble joie du sacrifice comme de Sonis et de Troussure ; puis marcher le front haut sous les plis d'une bannière consacrée ; voir tour à tour tomber au pied du drapeau ses frères d'armes fauchés par la mort comme une moisson d'épis ; puis enfin succomber soi-même, impuissant, mais joyeux : c'est là un sacrifice capable d'immortaliser un peuple, une semence de résurrection que rien, rien, ni les pouvoirs, ni les hommes n'empêcheront de croître et de se lever au jour que Dieu voudra. La voix du sang de ces soldats martyrs crie, mes enfants, comme la voix du sang divin, vers le ciel, miséricorde et pardon.

On inaugurait ces jours derniers, à Montmartre, la basilique du Sacré-Cœur. Sur le frontispice du temple, il y a ces mots suppliants : *Au Sacré-Cœur, la France pénitente et dévouée.* La preuve de ce dévouement, la preuve de cet amour de la France pour le cœur de Jésus, elle est sans doute dans ce monument gigantesque de foi qui couronne Paris d'un diadème de piété. Mais elle est plus encore sur ce champ de bataille où gisent les volontaires de l'Ouest. Oui, c'est toute la France qui est là, réunie dans le sacrifice expiatoire, destiné à autre chose qu'à protéger une retraite, voulu du Ciel, peut-être, comme une oblation de choix pour préserver cette France que la Providence n'a jamais voulu laisser périr. Les enfants de la Bretagne et du Maine ont coudoyé sur ces champs de combat ceux du Centre, du Midi et de l'Algérie elle-même. Lisez leurs noms illustres sur ces murs. La noblesse et le peuple se sont confondus dans la même vaillance. Les fils de croisés donnaient la main aux fils du peuple, et l'héroïsme d'une même mort les a faits tous égaux de gloire.

Il semble, mes enfants, aujourd'hui que la paix protège ces cieux tranquilles, et que les sillons silencieux verdissent comme autrefois, que rien ne demeure plus de cette voix du sang ici répandu. Mais quand les moissons ondulantes promènent leurs longs gémissements dans la plaine, il doit se mêler à leur plainte un soupir de pardon, qui monte du sol ensanglanté au sommet de leurs épis d'or ; ou l'hiver, quand la neige étend comme au jour du combat son linceul, n'y a-t-il plus dans les champs glacés quelques fleurs de sang ?

Je regrette, Mes Frères, le vieux cimetière, où, près du temple rempli de mourants, étaient venus se réfugier les derniers survivants de la bataille que les zouaves n'avaient pu sauver. Ceux-là aussi ont accompli un efficace sacrifice. Ils pouvaient trouver dans une capitulation pleine d'honneur le salut de leur vie. Au pied des croix, qui leur servaient d'abri, ils ont librement choisi une mort obscure. Et le Crucifié, dont l'image fut leur dernier spectacle, leur a inspiré une résolution digne de sa croix. Héroïques soldats du 37ᵉ de marche, vous avez mérité qu'on proclame votre sacrifice comme celui des zouaves. Comme eux vous avez été, vous êtes des sauveurs ; et la nation, arrosée d'un tel sang, doit devant le courroux de Dieu, se retrouver pour longtemps purifiée.

C'est ce qui fait, mes enfants, de Loigny une espérance ; espérance, parce qu'il y a là une rédemption ; espérance, parce qu'il y a aussi un enseignement plein d'élévation, plein de promesses. Et, quand je vous vois aujourd'hui venus joyeux et fiers à cette vraie école de grandeur d'âme, je me réjouis et je tressaille.

Nous vous disons bien, nous : « Enfants, jeunes gens, soyez dévoués, soyez généreux ; donnez-vous, n'épargnez rien pour Dieu, pour la France ! » Nous vous le disons d'un cœur peut-être qui n'est pas assez détaché pour vous élever, pour vous emporter sur les cimes du bien, du devoir et de l'honneur. Eh bien ! ici, voyez, entendez. Ce n'est plus la faible voix d'un amour impuissant qui vous parle ; ce sont les morts qui s'adressent à vous, qui prophétisent après leur trépas et qui vous disent : « Levez-vous, jeunes gens, sur nos tombeaux pour les saintes causes, que nous avons défendues…. et l'avenir, l'avenir est à vous. Cette France, qui semble morte, n'est qu'endor-

mie, endormie dans le plaisir, endormie dans
l'égoïsme; elle peut ressusciter avec vos dévouements.

Ah! il n'y a pas de plus beau spectacle, mes enfants,
que celui que vous donnez en ce moment. La jeunesse,
la force, la vie, à l'école des morts, des morts sublimes;
et je ne sais si vous ressentez en ce moment, comme
moi, les émotions des grands souvenirs qui flottent
autour de nous. Mais j'espère, oui j'espère que vous
remporterez d'ici une âme meilleure et disposée à tout
faire pour se sauver et sauver la France. Au milieu de
ces monuments funèbres, vous apprendrez ce qui fait
le prix de la vie. C'est là, à la hauteur de ces tombes
saintes, que se mesurent vraiment les choses; c'est là,
dans cet ossuaire, que retentissent les seules voix
dignes d'être écoutées. Elles vous diront que vous
n'êtes pas faits pour les choses vulgaires, pour les
compromis, pour les trahisoms, pour les oublis, pour
les abandons des saintes choses, mais pour les sacrifices austères, pour les vertus généreuses, pour conti-
nuer, enfants de ce sol béni, la lignée des âmes fières
et fortes, pour être un jour ce que ces morts ont été.
Si vous tenez à recueillir quelque part de leur gloire,
il faut être victime comme eux, savoir vous donner
comme eux, au besoin ne pas craindre de mourir
après eux. De ce rapprochement entre leurs tombes et
vous, doit naître un amour plus ardent du bien, un
courage plus ferme, une volonté vaillante. Nous avons
fait aujourd'hui une grande leçon de choses; votre
vie de demain nous dira si vous l'avez comprise.
Peut-être n'aurez-vous pas à verser comme des héros
tout votre sang dans les chances d'un combat. C'est

goutte à goutte peut-être que Dieu vous le demandera dans l'effusion quotidienne qu'en fera la vertu. Et la constance à répandre son sang dans la monotonie des petits sacrifices et des petites peines pèse aux yeux de Dieu d'un poids égal à la spontanéité de la totale immolation d'un jour. Qu'importe, en effet, que le sacrifice se consume en une heure comme l'holocauste ou qu'il fume toute une vie comme l'encens sur l'autel ! Quelle que soit la façon de se donner, Dieu n'a qu'une récompense pour tous les héros. Et c'est pour cela que votre jeunesse, ici pieusement rassemblée et saintement émue, nous donne l'espérance.

Nous sommes à un moment où la France a besoin d'être refaite, et sentant que vous vous trempez ici pour en être bientôt les soutiens, nous vous bénissons. Il y a cinq ans, au 2 décembre, de loin pensant à vous, je citais ici ces belles paroles de l'abbé Perreyve aux jeunes gens ses contemporains : « Avez-vous jamais « pensé à la grandeur des destinées qui peut-être « vous attendent ? Quand l'œuvre de la destruction « sera finie dans notre tremblante Europe, quand « l'orage révolutionnaire aura renversé ce que Dieu « veut laisser périr, ce sera l'heure de retrouver les « fondements du temple et de relever ses ruines pour « la paix du siècle à venir. C'est vous, jeunes hommes, « qu'attend une si grande heure du monde ; c'est sur « vous qu'elle a compté. Que jetterez-vous, dans ces « fondements où le siècle prochain espère trouver son « repos ? Prenez garde alors, ah ! prenez garde de préparer « parer encore aux hommes des tremblements et des « ruines ! Que les travaux, que les larmes, que le sang

« de vos frères vous aient alors instruits ! Plaise à Dieu
« que vous ayez compris que les fondements des sociétés
« humaines sont choses sacrées et que c'est trop peu
« pour la solide grandeur des générations qui doivent
« y vivre, que d'y jeter de l'or, de la puissance et du
« progrès, de la gloire même et du génie. Il y en a un
« qui est la pierre angulaire. Quiconque a voulu bâtir
« sans cette pierre n'a rien élevé que le premier vent
« n'ait dispersé. Celui-là rien ne le remplace... »

Il a fait, mes enfants, lui seul, le grand guerrier
qui repose encore comme un chef glorieux sur le
champ de bataille au milieu de ses morts. C'est le
Seigneur Jésus-Christ ; c'est le Cœur Sacré de Jésus,
ce Cœur du Dieu de la France. Quand on le possède,
comme disait Sonis, on ne capitule jamais. Amis, c'est
celui-là qu'il faut connaître pour être forts. C'est son
nom éternel qu'il faut jeter dans les fondements du
siècle à venir pour les faire immuables. Ah ! il me
semble que vos pas et vos chants ont réveillé dans sa
tombe le saint héros de ce combat, et qu'en voyant
dans vos rangs sa bannière, il tressaille comme
autrefois, et qu'il s'écrie encore plein d'espoir : « Vive
le Christ ! Vive la France ! Montrez ce que peuvent
des hommes de cœur et des chrétiens ! »

Qu'allez-vous, mes enfants, répondre à cet appel ?
Les combats vous attendent, des combats inévitables.
Allez-y, répétant la parole des zouaves : « Vous nous
menez à une fête. » Allez-y, purs et confiants ! Entraînez les autres. Que vos exemples soient un reproche
pour les lâches, un encouragement pour les faibles,
une gloire pour tous. Dans la mêlée, quand vous vous

sentirez faiblir, pensez à l'étendard des zouaves : c'est le drapeau de l'honneur.

Regardez-le et suivez-le toujours. Vous le déposez ici, comme un souvenir et comme une promesse. Je vous souhaite de le déployer un jour, ailleurs encore que dans les combats de la vertu, là-bas, à la frontière reconquise, étendard de la victoire.

En attendant, gardez tous le constant souvenir de cette journée. Vous, mes petits enfants, qui bientôt verrez luire le jour béni de votre première communion, vous vous souviendrez toujours que cette visite pieuse en a sanctifié l'aurore ; et tous, retrouvant ici à cette école d'héroïsme et de foi, vos premières amours pour Dieu et vos premières ardeurs, vous marcherez désormais d'un pas assuré dans les luttes de la vérité et du bien. Quel que soit, après cela, le sort que vous fassent les hommes, allez, vous rappelant ces deux mots qui flamboient sur la colonne du Sacré-Cœur, au bois des Zouaves : *Gloria victis !* Gloire aux vaincus ! Mes derniers veux ne séparent pas ces deux pensées. Oui, je vous souhaite la gloire, mais la gloire dans le sacrifice.

Et vous, Mes Frères, qui vivez sur cette terre généreuse, vous qui avez été les témoins de tant de sacrifices, et qui tous les jours en recueillez les leçons, vous avez des devoirs envers vos morts sublimes. Au milieu de ces tombes et de ces croix qui dominent vos plaines, vous devez porter des âmes plus généreuses qu'ailleurs, des cœurs plus dévoués. La sainteté du sol que vous foulez est une noblesse qui vous oblige à des vertus supérieures. Vous trahiriez vos martyrs si vous n'étiez pas entre tous plus français et plus chrétiens. Continuez donc d'aller dans les chemins de vertu que vous ont tracés les héros de 1870. Vous avez comme guide un pasteur à qui les hommes ont donné en récompense la croix des braves. Pour de nouveaux combats, Dieu lui réserve d'autres palmes. A tous en vous quittant, pour l'accueil si sympathique que vous avez fait à nos enfants, et pour les grandes leçons que nous avons prises chez vous, je vous dis : « Reconnaissance et merci ! »

Ainsi soit-il !

Châteaudun, Imp. J. PIGELET.

Châteaudun, Imp. J. PIGELET.